W0210192

COLLECTION « DEMI-MOTS »

Jacques Roubaud, *Les animaux de tout le monde*
Patrick Reumaux, *Comment cuire les bébés*
Patrice Cotensin, *Souvenirs alphabétiques d'un amant cosmopolite*
Lewis Carroll, *La chasse au Snark*, texte français de Jacques Roubaud
François Caradec, *La compagnie des zincs*

Villas sans soucis

Du même auteur :

Les nuages au-dessus de l'eau, Ramsay, 1983.
Les très bonnes, Ramsay, 1985.

Georges Kolebka

Villas sans soucis

Éditions Ramsay
9, rue du Cherche-Midi
75006-Paris

© Éditions Ramsay, 1986.
ISBN 2-85956-557-4

Comme un sac de poussier qui se déverserait avec lenteur puis d'un seul coup, la nuit vient d'engloutir les reliefs.

Dans le jardin d'une villa dénommée « Bob et Bobette », et qui domine la mer, une femme s'est approchée de la haie mitoyenne, tout en ramassant de la luzerne pour son lapin nain.

Or, dans le jardin de la villa voisine, une autre femme s'est approchée de la haie, menée par une besogne tout aussi primesautière mais utile. Elle porte un tablier orné d'explosions cosmiques. La première, des zigzags à la mode.

« L'endroit a bien changé depuis que nous venons avec mon mari », confie celle-ci. L'autre réplique par une considération marquée pareillement au coin du bon sens.

La conversation va ainsi son train durant un bon moment, tandis que les maris regardent chacun de son côté la télévision : football pour l'un, feuilleton pour l'autre.

Par gradations subtilement fondues, la clarté a fait place à une demi-clarté, qui elle-même s'est effacée devant un clair-obscur. La délicatesse du phénomène n'émeut pas pour autant les personnes restées à bavarder dans le jardin d'une villa dénommée « Les Goélands », et qui domine la mer.

Les enfants, autorisés à jouer un peu plus tard que d'habitude, ont sorti leurs Barbies. Il y a M. et Mme Durand et leurs amis, les Dupont. Comme ils ont beaucoup de choses à se raconter, ils n'accordent qu'une attention distraite à Tony qui, désœuvré, fait des allers et retours entre la table et le massif de rhododendrons près duquel se sont établis les enfants.

Mais il est l'heure de faire des bébés, aussi les Durand et les Dupont se retirent-ils dans leurs chambres. Un chien aboie au loin. Tony dresse l'oreille. Un chien ou une chienne ?

Le soir imbibe tout ce qui s'offre au regard, cependant on peut apercevoir au loin la mer se couvrir de reflets raffinés que traverse en sautillant un minuscule caboteur.

Dans le jardin d'une villa dénommée « Paloma », et qui domine la mer, deux couples attablés devant des côtes d'agneau à la sauge mangent avec appétit.

Les hôtes expliquent à leurs deux invités, dont ils ont fait la connaissance il y a deux jours au volley, qu'ils avaient loué l'année dernière, de l'autre côté de la baie, une villa du nom de « Castafouine », et qui dominait la mer. Bien qu'agréable, elle manquait toutefois d'un petit quelque chose de charmant. Aussi, cette année, ont-ils préféré ce côté-ci de la baie.

Deux estomacs se mettent soudain à chantonner de conserve.

Théâtrale, immense, lente, l'obscurité est descendue sur la terre, et le soleil dans l'Océan.

Dans le jardin d'une villa dénommée « Le Pavillon », et qui domine la mer, le vide se déplace dans les allées bordées de seringas. La porte de la cuisine ouverte permet d'entendre le bruit des verres que l'on manipule, quoiqu'avec précaution. Un homme et une femme sont debout devant l'évier. Ils aiment ce moment domestique qui permet d'échanger des propos paisibles et sans réserve. Ils attaquent à présent les assiettes.

Soudain, la femme se tourne en direction du jardin : « Charles, que fais-tu ? » crie-t-elle. « Et toi, Lydie, as-tu écrit à tes parents ? » Le silence, seul, lui répond, car au fond du jardin, sous un arbre, Charles et Lydie se font une douce violence.

Les casseroles mettent un point d'orgue à la communion familiale.

La vesprée, par touches transparentes et vastes à la fois, s'est assombrie. A présent le paysage est enfoui dans les bleus foncés.

Dans le jardin d'une villa dénommée « La Sardane », et qui domine la mer, un homme s'active autour d'un barbecue. Sa femme dresse le couvert sur la table de jardin. Elle a disposé dans les verres une serviette ornée de myosotis et pliée en éventail. Pour parachever le caractère cérémonieux de ce dîner d'anniversaire de mariage, elle a apporté une bouteille de vin millésimée.

On a raison de dire, pense la femme, que tant qu'on n'est pas mariés, on ne se connaît pas vraiment. Ainsi, les sardines grillées...

Une fumée épaisse s'élève du barbecue et répand une odeur empyreumatique tandis qu'une petite radio grésille un rock.

L'agitation très colorée du monde s'achève à cette heure dans une confusion qui perd progressivement de la vitesse et s'obscurcit. Sur la route de la corniche, un couple déambule lentement. La femme, craignant les méfaits de l'humidité du soir, a jeté un gilet sur ses épaules. Elle tient dans l'une de ses mains la clef de la villa qu'ils ont louée. Elle porte le nom de « Cipango » et domine la mer.

Ils arrivent à la hauteur d'une maison dont les fenêtres sont restées ouvertes. Ils entendent la fin d'une conversation aux sonorités artificielles :

— Eh bien tant pis, Sue Ellen !

Respirant avec volupté l'air venu de la mer, l'homme et la femme poursuivent leur chemin. Et voici qu'ils se donnent le bras, tendrement, comme autrefois. Derrière eux, Phlox, le chien, est plus bouleversé qu'il ne saurait le dire.

Dans le jardin d'une villa dénommée « Les Parasols », et qui domine la mer, les verts tendres ont viré au vert wagon. Une femme au visage doux et aux cheveux blancs débarrasse la table, aidée par trois ou quatre jeunes enfants qui la suivent en portant des verres et des assiettes.

Un peu à l'écart, son mari, au visage doux et aux gestes paisibles, tente de démêler le fil d'une canne à pêche à la lumière d'un lampadaire de jardin. Voilà un bon moment que cela dure. Et, tout à coup, après avoir fait une totale confiance à ses doigts, il s'avise qu'ils ne sont bons à rien : l'emmêlement est resté emmêlé. Ce constat d'incapacité suscite alors une série de jurons prononcés à voix basse.

« Laisse donc cette canne à pêche et va arroser les sauges, ça te calmera », intervient l'épouse au visage doux.

Ainsi sera préservé le sommeil d'un honnête homme.

En un don pur et désintéressé, le crépuscule a jeté au-dessus des pins qui surmontent la colline un grand nombre de rayons bouton d'or. De plus en plus longs et de plus en plus faibles, ils ont fini par s'éteindre, cependant que dans le jardin d'une villa dénommée « La Barcasse », et qui domine la mer, un gros poste de radio déverse une abondante musique.

Plusieurs couples dansent sur la terrasse, devant la maison. Leurs paroles montent dans l'air tiède. Parfois des éclairs de rire fusent très haut et puis se dissipent dans la nuit.

A cet instant, nul ne peut concevoir que le malheur et les ennuis sont une possible réalité. Ce n'est ni le lieu ni l'heure. Aussi la nuit et ses noirs dessins se déploya-t-elle sans que quiconque lui accordât la moindre attention.

Après le déballage des couleurs magnifiques de la journée, la très belle étoffe du soir s'est déployée sur la colline.

Dans le jardin d'une villa dénommée « Le Manoir », et qui domine la mer, un groupe d'amis dîne sur la terrasse débordante de géraniums. On parle chiffre d'affaires, collections, fournisseurs dont on a obtenu des paiements très différés en jouant tour à tour du bagout et de la corde sensible. Et l'on rit beaucoup. On évoque ensuite Marcel, si débrouillard, et Henri qui a réussi une fois de plus à caser son stock lamentable dans des conditions incroyablement avantageuses. Au rappel de ces anecdotes, les femmes s'esclaffent aussi fort que les hommes. Elles brillent de toutes leurs dents et des mille feux que lancent les importants bijoux accrochés à leurs oreilles et à leurs poignets. Quelques sardines grillées pénètrent alors dans le jardin.

Par des mouvements difficiles à distinguer, la nuit a envahi le jour ; celui-ci a alors battu en retraite sans protester.

Dans le jardin d'une villa dénommée « L'Azur », et qui domine la mer, un homme court après une petite fille. Elle hurle : « Non ! Non ! Non ! », pendant que deux autres enfants braillent : « Le chat, le chat ! Il nous attrapera pas ! » L'homme et la petite fille n'en finissent pas de tourner autour d'un gros hêtre planté au milieu du jardin. L'homme se prend soudain les pieds dans une racine et s'étale de tout son long. Il reste un long moment le nez dans l'herbe, secoué par un rire qu'excite encore plus son essoufflement.

La mère, qui regardait tournoyer tout ce monde, dit : « Allez, les enfants et le grand enfant, on va passer à table ! » Surgit à la mémoire du grand enfant le fugitif souvenir de lointaines autres soirées d'été.

Infléchissant un peu plus que la veille l'axe de rotation de la Terre, le jour se dégage pour faire place à la nuit. Dans le jardin d'une villa dénommée « Petite Princesse », et qui domine la mer, les aucubas s'emmaillotent d'ombre.

Tandis que toute la famille prend l'apéritif, un adolescent, avachi dans une chaise longue, contemple la nuée. Sur le velours de la nuit scintillent quelques diamants, ainsi qu'il l'a lu dans un bouquin qu'il a trouvé superbe. Il songe, non sans justesse, à la grandeur dérisoire mais tout de même grandiose de l'homme, comparée à la majestueuse mécanique et néanmoins vide des astres. Un brusque jet d'eau froide met fin à cet intéressant début de spéculation philosophique ou tout comme. Il se lance à la poursuite de deux petits monstres blonds qui se sauvent en riant.

La transparence de l'air aussi légère qu'un ciel d'aquarelle s'est empâtée : une encre plus dense l'a recouverte, enténébrant le paysage. Mais, dans le jardin d'une villa dénommée « Villa Cri-Cri », et qui domine la mer, deux hommes, pendant que leurs épouses préparent le dîner, tentent de retenir dans leurs prunelles les dernières traces de lumière. Tâche difficile et n'apportant que déception.

Après avoir abordé des sujets variés, divers et quelconques, leurs propos sont retombés comme d'aériennes graines de pissenlit qui auraient pris quelques minutes auparavant leur essor. L'un des hommes regarde l'espace indéfini devant lui, l'autre ses pieds. Subitement, des exclamations traversent la nuit, puis des voitures démarrent. Et voilà le dialogue relancé vigoureusement.

Après s'être dilaté durant plusieurs heures, le jour a fini par s'évaporer, laissant vide et noir le faitout de la nuit.

Dans une villa dénommée « Blue Lagoon », et qui domine la mer, on entend des pas précipités ; tout de suite après, une dégringolade dans l'escalier où courent des entrelacs de liserons. Quelques minutes plus tard, on perçoit le bruit d'une porte qu'on ferme, suivi de celui d'une clé qu'on tourne dans une serrure. Puis des talons pressés frappent les dalles d'une allée. Immédiatement après, les portières de deux voitures claquent, les moteurs ronronnent, en même temps qu'une voix s'écrie : « On se retrouve au Printania. » Le silence tombe alors sur le jardin et s'immobilise, troublé seulement par le chuintement spasmodique de l'arrosage automatique mis en marche au milieu de la pelouse.

Dans le ciel, les sphères gomment avec application la manifestation diurne, en une ronde lente et attentive. Durant cette vigoureuse activité, une femme accroche avec dextérité des maillots de bain sur une corde à linge, d'où ils se mettent à goutter. Cela se passe dans le jardin d'une villa dénommée « Bout d'chou », qui domine la mer. Malgré l'obscurité de plus en plus grande, deux petites filles continuent de jouer au jokari sur la route, devant la maison. Elles devront ensuite prendre une douche, se laver les dents et ne pas lire trop tard.

Le mari, quant à lui, assis devant la porte de la maison surmontée d'une lampe-lys, lit le journal. Il constate qu'il n'y a pas grand-chose à lire ces jours-ci.

A cette seconde, une compagnie de réformes sociales volant en rangs serrés traversa le ciel et poursuivit sa route en direction des terres.

Alors que le serein humidifie le jardin d'une villa dénommée « Pied-d'alouette » que ses parents ont louée pour le mois, et qui domine la mer, une jeune fille, dans sa chambre, écrit à sa meilleure amie. Elle lui décrit les espadrilles rigolotes qu'elle a achetées, son nouveau rouge à lèvres, les glaces qu'avec ses parents elle a mangées il y a deux jours au Printania, la couleur brune de son corps, la robe blanche qui la met bien en valeur, le garçon qui l'a embrassée pour la première fois cet après-midi sur la plage et qui, tellement embarrassé, semblait avoir sa langue dans sa poche.

Elle termine sa lettre par une boutade : « Pied-d'alouette, quel nom pour une villa, ne trouves-tu pas ? Pourquoi pas Pied de cochon ? » Elle l'embrasse, ferme l'enveloppe et prend son vélomoteur pour aller poster la lettre.

Le soleil s'est éclipsé derrière le casino ; les estivants en ont profité pour regagner leurs pénates. Ils portaient un parasol, un bateau en plastique, des sacs de plage.

Dans le jardin d'une villa dénommée « La Topette », et qui domine la mer, deux hommes, après avoir jaugé la distance qui les séparait du cochonnet, se sont accroupis boules en main. Leurs bourgeoises, vêtues d'un maillot de bain, fuchsia pour l'une, vert smaragdin pour l'autre, minaudent en attendant de jouer. Tout à coup, un bruit métallique claque : Jean-Mi a réussi un carreau. « Quel fion bordé de nouilles ! » s'exclame-t-on, en employant une expression peut-être démodée.

Une heure plus tard, devant les anisettes, après avoir échangé des propos pour la plupart empreints d'une grande sagesse, on en vient à se demander pourquoi on s'emmerde tant dans la vie, alors qu'on pourrait ne pas.

La nuit s'est déversée à flots sur le paysage jusqu'à l'engloutir totalement. Les arbres y ont puisé, en même temps qu'une source de fraîcheur bienfaisante, une vigueur nouvelle.

Dans le jardin d'une villa dénommée « Les Marmottes », et qui domine la mer, un bambin boursouflé comme une brioche n'en finit pas de parcourir les allées sur son tricycle. Son papy et sa mamie, quant à eux, se sont installés sur des pliants devant la barrière du jardin, au bord de la route. Ils regardent dans la nuit, mais ne voient rien, mais rien du tout. Soudain, ils entendent un bruit de pas. Aussitôt leur ouïe s'affine, et leur vision. Apparaissent au bout de quelques minutes un homme et une femme suivis d'un chien. La quidam a jeté un gilet lilas sur ses épaules par crainte d'un frais toujours possible par derrière. Tout le monde se souhaite une bonne soirée.

La pupille de l'œil, réduite à son disque minimum durant la journée, s'est peu à peu agrandie à mesure qu'augmentait le volume de la nuit.

Dans le jardin d'une villa dénommée « Farrago », et qui domine la mer, un homme d'une trentaine d'années est penché sur une jeune femme. Oubliant la guerre Iran-Irak, les inégalités sociales qui avaient suscité une grève importante avant les vacances, le déficit sérieux mais pas catastrophique du commerce extérieur, l'appel solennel des pays riches en faveur des pays en voie de développement, ils se tiennent étroitement collés l'un à l'autre par la bouche. Mais voici qu'ils se séparent avec un bruit mou et pneumatique. Ils se remettent alors à mâcher leur chewing-gum à la menthe en se souriant.

Par un mouvement de bascule qui ne laisserait pas d'épater un spectateur occasionnel, patient et peu blasé, le soleil est descendu, en même temps que la lune montait. L'événement, quoique banal, a suscité une certaine obscurité.

Dans le jardin d'une villa dénommée « Villa Viva », et qui domine la mer, un jeune garçon, profitant du restant de lumière, observe entre deux thuyas de la haie un petit morceau d'Océan au loin, et, entre les immeubles du boulevard de la mer, la plage. Et puis, entre deux de ses doigts de pied bien écartés où sont restés accrochés des grains de sable, il admire, qui remplit juste l'intervalle entre le pouce et l'autre orteil, le soleil clapoter dans l'eau. « A table ! » crie-t-on de la maison.

Selon une alternance depuis longtemps au point, les grains sombres du sablier du temps ont remplacé les grains clairs, et tous les interstices lumineux se sont trouvés comblés.

Dans le jardin d'une villa dénommée « Roudoudou », et qui domine la mer, deux fillettes jouent au volant. Plusieurs adultes, parents, oncles, tantes, sont assis devant la corbeille de bégonias — la splendeur du jardin ! La conversation musarde et volète d'un sujet à un autre. Tout le monde, après le dîner, a pris une tisane de fleur d'oranger, et déjà une certaine torpeur gagne chacun.

Les deux joueuses n'en continuent pas moins de sauter et de frapper le volant sous le regard engourdi de l'assistance. Seul l'ami de la famille demeure éveillé : il a entrevu une culotte sous une jupette et, tout en fumant avec lenteur, il en guette intensément la réapparition.

Achevant sa course magnifique, Hélios a rétrogradé et, d'un mouvement souple, est allé ranger son char dans l'Océan où Poséidon l'a accueilli. Aussitôt la villa « La Hune », qui domine la mer, a été plongée dans la pénombre, ainsi que les maisons voisines.

Un homme dont l'embonpoint et l'allure indiquent l'aisance matérielle, est venu rejoindre au jardin sa femme et sa fille, assises dans une balancelle recouverte d'un tissu à motifs de dahlias. Après s'être servi un grand verre d'orangeade, l'homme s'est enquis de leur emploi du temps. Tout en écoutant distraitement leurs réponses, il a guetté l'apparition dans le ciel des enfants de la Nuit. Au bout d'un moment, il a distingué Fraude et Némésis, puis Vieillesse. Vieillesse, dont les tournoiements au-dessus de la villa depuis plusieurs jours commencent à l'agacer un tantinet.

Tel un tour de prestidigitation qui tire une partie de sa fascination de la lenteur de l'exécution, le soleil, entre chien et loup, s'est volatilisé.

Dans le jardin d'une villa dénommée « Bellevue », et qui domine la mer, une femme est en train de gratter avec minutie des moules. A ses côtés, trois jeunes enfants jouent aux cartes. Ils ont pris leur douche et ont enfilé leur pyjama. Dans l'allée gravillonnée, le mari nettoie la voiture à l'aide d'une éponge savonneuse qu'il manie à grands gestes. Devant la maison, la mère de la jeune fille arrose les plates-bandes où quelques lupins produisent leurs dernières floraisons.

L'éternité fera sans doute peu de cas de cette journée malgré qu'elle ait été bien remplie. C'est peut-être tant pis pour ceux qui l'ont vécue, mais c'est comme ça.

Le jour aux joues roses s'est dépouillé de ses vêtements clairs et a retrouvé sa noirceur originelle. Bien qu'il subsiste des traînées lumineuses visibles à travers les gros bouquets de pins maritimes poussant sur la colline, on va tout de même vers la nuit.

Dans le jardin d'une villa dénommée « Vent du Sud », et qui domine la mer, une jeune fille lit goulûment tout en mangeant des pralines. Elle en est au moment où Gérald et Margaret se retrouvent dans une villa mystérieuse du nom de « Black Castle » qui domine une mer déchaînée. Gérald va parler, mais Margaret d'un doigt léger lui clôt les lèvres en souriant. C'est alors que Gérald entreprend de dépouiller Margaret de ses vêtements ; puis avec gravité, il la renverse. La jeune fille est rouge comme une pivoine.

Les marchands de sucreries et de jeux de plage ont fermé leurs petites cabanes en même temps que le soleil se rangeait dans le bas du ciel, là où c'est sombre.

Dans une villa dénommée « Minette » qu'entoure un jardin, et qui domine la mer, toute la famille est allée se coucher. Dans leur chambre tapissée de pâles anémones, les parents lisent, l'un le journal, l'autre un roman. De l'autre côté du palier, la fille, vautrée sur son lit, regarde les photos qu'elle a prises sur la plage. Dans la chambre voisine, le fils, après avoir, selon l'expression consacrée et allusive, songé à sacrifier à Onan, se ravise et sort de sa chambre. Il a décidé d'aller plutôt faire un tour à vélomoteur.

Dans le ciel, les étoiles ne bougent pas, ou alors ça se voit à peine, cependant que la petite famille, emportée par une force centrifuge irrésistible, se désagrège sans bruit mais sûrement.

Dans le fond de la baie que traverse un dernier véliplanchiste, le soleil s'immerge dans les vagues. Au-dessus de ce phénomène emphatique et prodigue de lui-même, en haut de la colline, dans le jardin d'une villa dénommée « Les Flots », et qui domine la mer, un homme, dans un fauteuil relax à trois positions, feuillette un petit dictionnaire. A ses pieds, un opuscule s'imbibant de l'humidité du gazon offre à ses lecteurs cent nouveaux jeux et casse-tête. L'homme cherche la signification du mot « empyreumatique ». Sa femme, assise près d'un buisson de forsythias, contemple un lointain morceau de bleu marine. Elle se tourne vers son mari : « Chéri... » Mais sa phrase est recouverte par le bruit, venu du jardin voisin, de deux boules de pétanque heurtées violemment l'une contre l'autre. Personne, sans doute, ne saura ce qu'elle voulut dire juste à cette seconde. Elle-même se demande si c'était très important.

Le ciel, comme un boulier à glaces, après avoir offert aux regards la vanille de la journée, a pivoté et présente maintenant le chocolat de la nuit. Un parfum prenant, mêlé à d'âcres odeurs venues d'on ne sait où, se répand dans le jardin d'une villa dénommée « Doudoune », et qui domine la mer.

Assise dans un transat, une jeune fille savoure la multiplicité des senteurs de ce moment. Un peu plus loin, ses parents et leurs amis jouent aux dés avant de passer à table.

Bien que sa quiétude ait été troublée par les claquements tout proches de portières de voitures, rien ne saurait en cet instant l'ennuyer vraiment. Elle a ôté ses espadrilles et, de toute la plante de ses pieds sur le gazon, vit des minutes prodigieuses.

Une rumeur pareille à celle que produit quelquefois une dévaluation se fit entendre au loin, très vaguement.

La journée s'étant développée en riches arpèges de croches éblouissantes et variées, voici que le lamento de la nuit lui a succédé avec ses noires scintillantes.

L'agente auxiliaire des Postes et Télécommunications Simone Lagache et le titularisé Pierre Mignard, prenant leur service à midi et terminant tard le soir, remontent la route de la corniche en tenant leur vélo à la main. Emportés par la passion qui les habite depuis plusieurs semaines — laquelle, aux dires de Lucienne des mandats internationaux et d'Andrée des versements et retraits, est très belle —, Simone Lagache et Pierre Mignard se regardent et se sourient dans la nuit. Cet épisode remarquable se produit devant le jardin, envahi par des ronces et des orties, d'une villa dénommée « Rêve de valse », et qui, si elle dominera la mer, n'est pas encore achevée.

Le crépuscule comble le paysage avec une sérénité que rien ne vient troubler. Dans le jardin d'une villa dénommée « Surcouf », et qui domine la mer, une grosse voiture a été garée près de l'entrée. Un couple et deux jeunes enfants achèvent de dîner.

Le mari, qui a quitté son bureau tôt dans l'après-midi, vient de rejoindre sa famille. Il écoute, un sourire lointain sur les lèvres, sa femme lui raconter par le détail les mille occupations balnéaires à quoi elle et les enfants sont occupés chaque jour. Il entend tout à coup qu'il est question d'aller tôt demain matin à la pêche aux équilles. C'est une idée formidable, déclare-t-il. Puis il se tait, abasourdi par une fatigue qui afflue soudain. Tandis qu'il aspire avec délectation l'odeur des troènes, il songe que le bonheur ressemble peut-être à tout cela, cette insouciance humaine et végétale. La grosse voiture luit dans l'obscurité.

Cependant que le jour ne se signale plus que par son absence, la nuit s'annonce clairement un peu partout. Les occupants d'une villa dénommée « Les Vikings », et qui domine la mer, se sont installés dans des fauteuils de teck près d'un parterre de capucines. On entend, venant du salon aux fenêtres ouvertes, quelques fragments de conversation :

— Mais voyons, Sue Ellen, je t'ai dit la vérité !

— Je ne te crois pas !

Sur les marches de la véranda, un jeune homme est assis. Il lance de temps à autre des petits cailloux en visant, à quelques mètres devant lui, le tronc d'un gros pin. Il essaie de se rappeler la douceur de la peau de la fille qu'il a embrassée cet après-midi sur la plage. Au même instant, un vélomoteur passe en bourdonnant sur la route. C'était pourtant du beau satin.

Bien que le fait soit difficile à vérifier, la dernière heure de la journée s'est mélangée à la première heure de la nuit, provoquant un gros précipité charbonneux.

Dans une pièce d'une villa dénommée « La Proue », et qui domine la mer, alors que leurs deux enfants dorment dans une pièce voisine, un couple s'est arrêté de jouer au scrabble pour tenir des propos violents.

Soudain, l'homme se lève et quitte la pièce. Quelques instants plus tard, il traverse le jardin. Pendant ce temps, la femme, soulevée par une colère en trois lettres, s'est couchée après avoir bu une décoction de belladone. L'homme, quant à lui, marche sur la route de la corniche. Il cherche à apaiser une grande irritation employée dans le style soutenu et qui se termine par un x.

Tôt le matin, la pellicule de la nuit a révélé une journée éclatante. Quelque temps après, les couleurs se sont curieusement dissolues et la journée a viré au noir.

Dans le jardin d'une villa dénommée « Ma Roulotte », et qui domine la mer, un homme assis sous un chêne explique à ses deux enfants et à sa femme, qui l'écoute en tricotant, les lois de la pesanteur ainsi que la rigueur des marées. Le commentaire est long, détaillé et pesant, aussi les enfants bâillent-ils parfois. Sans doute aimeraient-ils qu'il y ait un peu plus d'images amusantes dans l'explication du père, mais la facilité n'est pas la meilleure manière d'inculquer le goût de l'effort, doit penser celui-ci. Et il poursuit sa péroraison, solennel comme un menhir.

Face à la mer soulevée par une colère monstrueuse, face aux masses effroyables des forces liquides qui s'abattent sur les rochers déchiquetés par des millénaires de violence, face au vent hurlant comme une armée de forcenés en délire, face aux tourbillons de sable déchirant avec rage l'atmosphère, face à la nuit, sous le linceul de laquelle disparaît le monde en claquant des dents, Arnold, lycéen, assis devant une table en bambou, dans le jardin de la villa « Les Embruns » qui domine la mer, est en train de rédiger la troisième rédaction de ses devoirs de vacances, laquelle a pour sujet : « En imaginant que vous êtes Victor Hugo, vous décrirez un lieu ou un spectacle qui vous ont enthousiasmé, ou même exalté. »

Le char du soleil emporté par son élan bascule dans l'Océan. Il termine sa course au milieu d'éclaboussures de lumière orange qui rejaillissent sur les immeubles du front de mer.

A la villa « Armada », qui domine la mer, on a décidé de dîner dans le jardin sous le tilleul. « Depuis longtemps déjà nos enfants ou nos amis aiment venir passer des vacances dans cette bonne maison. Et maintenant, ce sont nos petits-enfants », explique à l'une de ses amies une femme au port majestueux. Elles sont toutes les deux vêtues de robes d'été discrètement démodées. Sans doute pensent-elles que l'essentiel ne réside pas dans la frivolité. « Que de souvenirs accumulés au fil des ans », poursuit la femme au profil noble. « Heures merveilleuses volées aux meules du temps ! N'est-ce pas, Albert ? » L'interpellé, ainsi sommé par sa femme, se retourne et répond.

Cependant qu'un noir bleuté efface du tableau des jours ce mercredi qui fut beau, lumineux et inoubliable, dans le jardin d'une villa dénommée « Les Trilles », et qui domine la mer, des estivants, habillés pour la plupart de vêtements inspirés de la pomologie ou de l'ornithologie, devisent avec urbanité.

Un peu à l'écart, l'un des hommes entretient depuis un moment déjà son beau-frère d'un sujet qui lui tient à cœur : « ... D'accord, les Japonais nous ont battu sur le terrain des chandelles romaines et des fontaines lumineuses. D'accord. Mais où nous sommes forts, et pas près d'être rattrapés, c'est avec des articles comme l'œillet à ressort, le coussin pétomane ou le centimètre d'amour... »

Le beau-frère hoche la tête pour marquer son approbation, tout en faisant sortir un peu de fumée de sa bouche.

Des voûtes du cosmos suinte un fin exsudat ténébreux qui recouvre la plage, les immeubles et la colline où les villas brillent de toutes leurs paillettes.

Dans le jardin splendide d'une grande villa dénommée « Titan », et qui domine la mer, plusieurs personnes vêtues avec élégance se livrent, un verre à la main, aux plaisirs d'une convivialité bruyante sous une vaste tonnelle que recouvre une glycine.

L'amphitryon, architecte de renom, s'est isolé un moment. Devant lui, à quelques dizaines de mètres, il devine dans le noir « Babouchka », un peu à gauche « Paloma », plus loin « Bob et Bobette », « Le Manoir », « Les Embruns », et toutes les autres... Et devant ce spectacle magnifique il éprouve un sentiment très fort, très orgueilleux et très voluptueux. Le genre grosse bête avec ses petits.

A la suite d'un échange bien réglé, la lumière du jour s'est élevée, croisant l'obscurité.

Dans le jardin d'une villa dénommée « La Perle », et qui domine la mer, montent d'épaisses fumées : près de la table où ont pris place plusieurs adultes et des enfants, un homme, torse nu, fait griller des côtelettes saupoudrées de thym. De temps à autre, il vient boire une gorgée de vin, puis repart vite surveiller ses grillades.

Au bout de la table, une femme chenue reste silencieuse. Elle déteste son gendre et sa poitrine velue ; elle déteste sa fille et sa grasse joie de vivre ; elle déteste ses petits-enfants qui se promènent les fesses à l'air ; elle déteste cette villa prétentieuse ; elle déteste la minceur des cloisons des chambres qui ne laisse rien ignorer ; elle déteste le mouton.

Le ciel marbré d'entrelacs roses, jaunes et orange s'est assombri. Il offre à présent aux regards les larges dentelures d'un papier à la cuve foncé.

Dans le jardin d'une villa dénommée « Beau Fixe », et qui domine la mer, une jeune femme contemple un soutien-gorge, puis une série de casseroles, un autoradio volant dans le ciel, un autre soutien-gorge, un flacon de vernis à ongles. Après quoi, elle examine un cassoulet fumant, une petite voiture, mais la sonnerie du téléphone dans la maison la fait bondir de son fauteuil et lâcher son magazine. Elle fonce dans le vestibule, décroche l'appareil, cause brièvement et raccroche. Elle se campe alors en bas de l'escalier et crie en direction de son mari qui s'habille au premier étage : « ... auront un peu de retard pour le dîner... » Les bras en l'air et la tête coincée dans une chemise polo violette qu'il était en train d'enfiler, il répond : « Quoi ? »

Pendant que le vase de la nuit se remplit goutte à goutte, dans le jardin d'une villa dont il n'existe encore que les fondations, mais qui dominera la mer, un couple et un jeune enfant finissent de dîner, assis autour d'une table de camping. La brise apporte par moments des morceaux de musique parfumés au chèvrefeuille.

L'époux se tourne vers l'épouse et dit : « Ah ! ce qu'on est bien ici. » Sa femme ne répond pas, mais partage en silence l'enivrement paisible de son mari. Dans le flou de l'esprit de l'homme et de sa femme, brille l'image imprécise de la villa qui se dressera bientôt devant leurs yeux, dans ce jardin. Ils l'appelleront « Emilie ». Comme leur caravane.

Un papillon de nuit vient de surgir dans le halo de la lampe de camping et se cogne comme un symbole peu léger contre le verre.

Comme toute révolution qui tire son éclat de sa brièveté, le jour, après avoir ébloui tout le monde durant quelques heures, a commencé de déchoir, pour finir par sombrer dans la nuit.

Accoudé au balcon d'une villa dénommée « La Bourriche », et qui domine la mer, un homme fume. Il lorgne dans le jardin de la maison d'en face un groupe de gens bavardant sous une tonnelle. Il note que l'une des personnes s'est isolée : la tête légèrement levée, elle observe quelque chose au loin.

Ayant terminé sa cigarette, l'homme, d'une pichenette, envoie son mégot en bas, dans un althæa, puis il rentre dans la chambre. Il dit à sa femme qui se séchait les cheveux au moyen d'un peigne soufflant : « Je viens de voir un type en train de regarder les étoiles. C'est marrant les gens, tu ne trouves pas ? »

Après que le grand blanc diurne eut été lampé jusqu'à la dernière goutte, un grand noir généreux et bien serré a été versé.

Dans le jardin d'une villa dénommée « La Péniche », et qui domine la mer, une femme penchée sur des rosiers passe son inspection, comme elle dit. D'une main preste, elle arrache les fleurs qui ont « baissé du nez » et les enfourne dans son tablier rassemblé sur son ventre en une sorte de poche. Elle vide ensuite sa récolte dans un coin du jardin où un lent compost veille à la reconduction du cycle végétal.

En passant devant une fenêtre ouverte de la maison, elle se penche à l'intérieur et dit : « As-tu mis les maillots à sécher, poussin ? » Le poussin lisait un magazine ; il lève la tête et répond : « Oui, chérie. » Puis, avant de poursuivre sa lecture, il accorde une pensée aux roses qui auraient peut-être mérité de vivre un peu plus longtemps.

Telle une conscience gagnée par le sommeil et entraînée dans des spéculations fuligineuses, une suie diaphane s'est infiltrée dans la claire réalité et a fini par la submerger.

Dans le jardin d'une villa dénommée « Le Ranch », et qui domine la mer, un jeune homme a tourné ses paupières gonflées vers sa fiancée en même temps que les voiles bleu pervenche d'un petit bateau dans la baie s'arrondissaient.

Tandis que ses futurs beaux-parents s'agitent à la cuisine et parlent fort, le jeune homme contemple sa fiancée qui boit un grand verre d'eau, ses yeux bleu pervenche baissés. Il tourne son regard vers le large et voit les voiles s'éloigner puis disparaître.

Mes beaux-parents sont vraiment une paire de cons, songe-t-il.

La moire du soir a enveloppé les choses d'une soie noire. Les maisons, au milieu des jardins, se sont éclairées et la colline s'est voilée d'une buée bleue.

Dans le jardin d'une villa dénommée « Babouchka », et qui domine la mer, plusieurs personnes fleurant l'une le vétiver, une autre le muguet, une troisième un parfum très connu, se livrent aux impromptus de la conversation à bâtons rompus.

Une femme fait part à sa belle-mère de la grande joie qu'elle éprouve depuis plusieurs jours et qui est due, explique-t-elle, à la diminution de ses fatigues nerveuses, à la relance de ses fonctions hépatiques et gastriques favorisée par l'absorption de nourritures saines ingérées sans énervement, l'ensemble lui procurant un sommeil régulier et sans doute un épiderme plus élastique. Enfin, les selles.

Ainsi qu'une lampe halogène manipulée par un doigt paisible, le jour a diminué et les reliefs se sont évanouis au milieu de vastes plages d'ombre.

Dans le jardin d'une villa dénommée « Les Argonautes », et qui domine la mer, une fillette regarde le ciel bleu tavelé de petits nuages blancs, ronds comme des boules de neige. Sur la plage beige, des estivants scrutent d'autres estivants barbotant au milieu des vagues ; ou bien se font bronzer.

Après s'être gratté le bout du nez, la petite demoiselle examine de nouveau l'image qu'elle a devant les yeux. Elle la retourne et commence à écrire au dos : « Ma chère Caroline, je passe des vacances... » Elle s'interrompt et réfléchit au qualificatif qui convient le mieux ici.

L'écume de la foule sur la plage s'est peu à peu écoulée vers les maisons. La mer demeure seule, face à la nuit. Le long et secret entretien entre elles deux commence.

Dans le jardin planté de cyprès d'une villa dénommée « La Galiote », et qui domine la mer, un homme et une femme avalent à petites gorgées méditatives une boisson gazeuse colorée. Alors que quelques heures auparavant ils s'élançaient dans l'écume avec fougue, effectuaient des cabrioles qui leur prouvaient la souplesse conservée de leur corps, se renvoyaient avec adresse une sphère de caoutchouc, la vapeur d'une pensée triste les assombrit quelque peu à présent. Tout en contemplant le ballet excessivement lent des minuscules bulles brillantes dans le ciel, ils s'interrogent : ne seraient-ils, au fond, que des jouets au milieu de cette ronde astronomique ? La réponse, inutile, les assombrit un peu plus.

Aux grillons bruyants et actifs durant de longues heures ont succédé les lampyres scintillants et impassibles.

Dans le jardin d'une villa dénommée « Nautilus », et qui domine la mer, une femme, grande lectrice de Colette, a abandonné un instant *Mitsou* pour écrire à sa fille sur un papier à lettres lavande. Son mari, industriel à la retraite, écrit aussi, mais sur un gros cahier. Il a entrepris de rédiger son autobiographie :

« ... Les hommes dans leurs dignes habits de labeur allaient et venaient, portant, l'un un sac de sucre, l'autre une jatte de sirop, un troisième un ballot de gélifiant. Tandis que les malaxeurs mélangeaient les délices, une odeur prenante et merveilleuse de caramel s'éleva dans la grande halle industrieuse et bourdonnante comme une ruche. Ce parfum étonnant et unique allait décider de ma vie... »

Il pense que cela devrait intéresser.

Les vacanciers ont assisté au spectacle chatoyant et insaisissable de la journée. Après quoi, ils sont rentrés de la plage tout éblouis. Quelques heures plus tard, le rideau de la nuit est descendu.

Dans le jardin d'une villa dénommée « Aurore », et qui domine la mer, plusieurs personnes assises dans des fauteuils de jardin regardent les photos que l'une d'elles a apportées. Voilà Charlie devant un bateau. Voici Emmanuelle dans l'eau. Charlie, encore, devant son château de sable. Puis Lisette et Albert devant la voiture. Encore Charlie, sur un poney. Lisette, appuyée contre la rambarde de la jetée. Albert, appuyé contre la rambarde de la jetée.

Après avoir vu un certain nombre de fois Emmanuelle, Charlie, Lisette, Albert, la voiture, Tulipe la chatte, et même la mamé, on est passés à table, pong.

Toute une quantité de projets, d'activités, d'événements s'étant produits, le jour est alors tombé. Peu de temps après, ou en même temps, la nuit est tombée.

Dans le jardin, pong, d'une villa dénommée « Les Palourdes », pong, et qui domine la mer, une femme raconte à ses invités que cet après-midi, pong, ils sont allés visiter la vieille ville, pong. Quel charme extraordinaire, avec ses ruelles anciennes, pong, et ses maisons restaurées, pong. Certaines sont très pimpantes, ornées de pétunias mis dans de vieux bacs de pierre, pong. Plusieurs de ces demeures datent du XVe siècle. « Du XIVe », rectifie son mari, pong. Quoi qu'il en soit, c'était une belle balade et très intéressante, pong. Dommage que les enfants ne soient pas venus, pong. Mais ils avaient leur cours de voile, pong. Ils adorent le sport, notamment le ping-pong, pong.

Dans le jardin d'une villa dénommée « Cocagne », et qui domine la mer, une demi-douzaine de commensaux ont brisé les pattes, pulvérisé les carapaces, fouissé au fond des diverticules, dépecé les intérieurs lamellés d'une douzaine de crabes. Ils ont peu à peu tout englouti. Quelques instants plus tard, les détritus ont été eux-mêmes avalés par une poubelle ornée d'iris, assortie au carrelage de la cuisine.

Au moment où avait lieu cette destruction, un autre anéantissement se produisait : la nuit en vagues successives sapait le jour jusqu'à ce qu'il faiblisse et sombre. Une grande confusion s'ensuivit où rien ne ressembla plus à ce qu'il était auparavant.

Dans quelques maisons, on alluma les lampes extérieures pour y voir un peu plus clair.

Au tohu-bohu vulgaire et bon enfant de la journée a succédé le silence élégant et solennel de la nuit. Dans le jardin d'une villa dénommée « Fripounette », et qui domine la mer, une adolescente et ses parents lisent : la jeune fille, un roman policier, sa mère, un magazine féminin, son père, un livre acheté par hasard et dont le titre est *Villas sans soucis*.

L'homme, qui est écrivain, parcourt l'ouvrage avec une moue de mépris ; puis, il le jette sur la table en haussant les épaules.

Une heure plus tard, sa femme et sa fille montent se coucher. Quant à lui, après avoir uriné dans le jardin près d'un aloès au suc amer, il s'installe au salon où il poursuit la rédaction du roman qu'il a commencé. Sa plume court, emportant vers des destins splendides quelques héros de notre temps, tandis que, sur la table de jardin, le livre abandonné se gondole doucement sous l'effet de l'humidité.

A la nuit tombante, Héraclès a donné un coup de main pour replier les tentes et les filets de volley ; de son côté, Eole a rangé les voiliers dans le port. Quant à Déméter au visage hâlé, après s'être accordé une journée à la mer, elle est retournée dans sa campagne, au milieu de ses choux et de ses blés parsemés de coquelicots.

Pendant ce temps, dans le jardin d'une villa dénommée « Fanfan », et qui domine la mer, un homme, encore chaud du soleil absorbé dans la journée, s'est réjoui in petto d'avoir pu admirer de si augustes personnages.

En se couchant, après avoir souhaité une bonne nuit à toute sa famille, il a repensé avec émotion aux naïades qu'il avait vues ce même après-midi au bord de la mer, avec leur sourire si fascinant et leur corps si jeune.

Pénétrant par tous les pores, un sombre impalpable se diffuse largement à l'intérieur du jour jusqu'à le rendre méconnaissable.

Dans le jardin d'une villa en construction dénommée « Le Hamac », et qui va dominer la mer, quelques lézards, plusieurs chauves-souris, des lombrics et divers coléoptères se sentent gagnés par un grand sentiment de sécurité. L'horreur du jour enfin écartée, tout ce grouillement commence à grouiller de quelques centimètres ou de quelques mètres, avec la bienveillance de la nuit. Une vie à goût de terre, rampante, inattendue, furtive s'exalte parmi les racines, les feuilles et sur les écorces.

Mais une suite de sons, qui n'appartient pas à ce règne, rompt brièvement le silence mouvementé sans pour autant le troubler.

En même temps que le jour s'esquivait, une brise peu pesante a apporté avec elle un léger frisquet reconnaissable à l'éclosion de quelques chandails.

Dans le salon d'une villa dénommée « La Pastorale », et qui domine la mer, un homme devant une fenêtre, agenouillé au milieu de fougères, bande un arc. Il est vêtu d'une sorte de pagne. On peut ainsi apprécier les volumes admirables, bien qu'un peu exagérés, de la musculature de son torse, de ses épaules, de ses bras et de ses cuisses.

Par-dessus son épaule au poli de bronze, on voit dans le jardin toute une ribambelle d'enfants et d'adultes courant en tous sens après un ballon. Emportés par leur vitalité, ils ne songent pas une seconde au temps qui les use en secret. Quant à l'archer, il continue immuablement d'envoyer sa flèche qui jamais ne s'envolera.

La nuit a rempli l'espace de toute sa substance, ne laissant qu'aux lampadaires, le long de la route de la corniche, le privilège de manifester la présence de la lumière.

Une voiture vient de s'arrêter. Un homme en descend. Il déchiffre dans l'obscurité le nom de la villa devant laquelle il s'est garé : il s'agit bien de « La Houle ». Selon les indications de l'agence de location, c'est une villa qui domine la mer. Après avoir ouvert à tâtons la barrière, flanquée à droite et à gauche de gros hortensias, l'homme avance dans l'allée en portant deux valises. Sa femme le suit, un bébé dans les bras, ainsi qu'un jeune enfant ensommeillé qui serre contre lui un animal en peluche.

L'enfant entend des rires dans la nuit et il sent un vent frais sur son visage. Il ne réalise pas très bien où il est. Il se demande seulement où peut bien être la mer dans ce four noir. Le mystère est très épais.

La photocomposition a été réalisée
par Graphic Hainaut à Vieux-Condé

Achevé d'imprimer en octobre 1986
sur les presses de l'Imprimerie
Carlo Descamps S.A.
à Condé-sur-l'Escaut
pour le compte des Éditions Ramsay

sur papier Svecia Antiqua *1777*

Imprimé en France

Dépôt légal : octobre 1986
N° d'Édition : 1021. N° d'Impression : 4312